AF263981

DAVID SENSINI

DIOS EN EL CAOS

CUANDO *SU PODER* IRRUMPE
EN EL MISMO INFIERNO

DIOS EN EL CAOS
CUANDO SU PODER IRRUMPE EN EL MISMO INFIERNO

© 2026 por David Sensini

Editado por: Evangelina Daldi
Diseño de portada y diagramación: Pablo Montenegro

Publicado por Editorial Renacer

Paperback: 978-1-971307-10-7
Hardcover: 978-1-971307-11-4
eBook: 978-1-971307-12-1

Impreso en Colombia

CONTENIDO

Agradecimientos..5

Prólogo..7

Introducción..9

CAPÍTULO 1
Camino al caos: libertad sin ley..11

CAPÍTULO 2
El verdadero aroma del triunfo... 23

CAPÍTULO 3
Del infierno al propósito.. 31

CAPÍTULO 4
El acreedor está a la puerta... 39

CAPÍTULO 5
La madre del sicario: entre el dolor y la justicia................................... 49

CAPÍTULO 6
Matar a Lázaro: el odio a lo que vuelve a la vida.....................................57

CAPÍTULO 7
Unidos para rescatar: una Iglesia sin miedo, una sociedad con esperanza........... 71

CAPÍTULO 8
Cuando el Estado mira a la Iglesia..79

CAPÍTULO 9
Cuida lo que Dios está haciendo.. 91

Palabras finales 99

Carta a mis padres 106

AGRADECIMIENTOS

Este libro nació en medio de batallas, lágrimas, cárceles, ciudades heridas y momentos de exposición pública. Nada de esto hubiese sido posible sin el sostén invisible de mi hogar.

Quiero agradecer profundamente a mi esposa, Lorena, compañera fiel de cada proceso, mujer de oración, fortaleza y discernimiento. Gracias por sostener mis manos cuando el cansancio quería bajarlas. Gracias por comprender las ausencias, por acompañar las decisiones difíciles y por estar firme cuando el viento sopla fuerte. Tu amor y tu respaldo han sido mi cobertura en cada temporada.

A mis hijos, Sarai, David Jr. y Fiorella. Gracias por entender que papá muchas veces debía estar donde el dolor era más fuerte, donde la exposición era mayor y donde la batalla espiritual era intensa. Ustedes han sido mi alegría en medio del caos, mi descanso después de cada jornada y la razón por la cual sigo creyendo que vale la pena luchar por una generación restaurada.

Ustedes no solo son mi familia.

Son mi equipo.

Son mi altar.

Son la fuerza que me permite entrar en lugares difíciles sabiendo que hay un hogar que ora por mí.

Si este libro habla de puentes, de restauración y de esperanza en medio del caos es porque en casa aprendí primero lo que significa sostener y ser sostenido.

Gracias por levantar mis brazos cuando la batalla era intensa.

DAVID SENSINI

PRÓLOGO

Desde el principio, cuando "la tierra estaba desordenada y vacía", el Espíritu de Dios se movía sobre la faz de las aguas. El caos nunca ha sido un obstáculo para Él; siempre ha sido el escenario perfecto para su manifestación.

Este libro no es solo una reflexión; es una revelación. Es un llamado a entender que aquello que parece desmoronarse no está fuera del control divino. A veces, lo que llamamos crisis; Dios lo llama proceso.

Dios en el caos nos enseña que los momentos más turbulentos pueden convertirse en los puntos de mayor transformación. Porque cuando todo se sacude, lo único que permanece es aquello que está cimentado en Él.

Entender a Dios en el caos requiere de mucha fe. ¿Cómo entender el silencio de Jesús en medio del caos de la enfermedad de Lázaro?

Es curioso percibir que en esta historia todos hablan: Marta, María, Jesús, los discípulos… hasta los fariseos hablaron. Pero el que nunca dijo nada fue Lázaro.

Muchos me dicen: "Obvio que no habló, si estaba muerto". Pero lo curioso es que Lazaro nunca dijo nada ni vivo, ni muerto, ni resucitado. Cuando leí eso le pregunté al Señor por qué no se registraron palabras saliendo de su boca. Y sentí su respuesta contundente: "Lo que hice en él fue suficiente. ¡El milagro habló por él!

Ahí entendí que cuando Dios no pone palabras en tus labios, Él te transforma de tal manera que eso se transforma en el mensaje. Permite que tu caos sea el mensaje vívido y así poder transmitir a Dios en medio de tu caos.

RONNY OLIVEIRA

INTRODUCCIÓN

Es una experiencia hermosa como padre poder ver a uno de mis hijos convertirse en un hombre visionario, alguien que ha sabido ministrar y servir a otros en medio de sus conflictos.

Pero aún más importante es ver cómo, en sus propios procesos y luchas, Dios ha sido glorificado en cada etapa de su vida. No habla solo desde lo que observó en otros, sino desde lo que vivió en carne propia.

Por eso, leer y meditar en este libro no es simplemente acercarse a un mensaje más, sino entrar en el testimonio de alguien que atravesó sus propias batallas y permitió que Dios obrara en ellas.

Con gratitud y orgullo de padre, celebro lo que Dios ha hecho y seguirá haciendo a través de su vida.

PASTOR OSCAR SENSINI

Junto a mis padres, Marycarmen y Oscar Sensini

CAPÍTULO 1

CAMINO AL CAOS: LIBERTAD SIN LEY

"Por lo tanto, ya no hay condenación para los que pertenecen a Cristo Jesús; y porque ustedes pertenecen a él, el poder del Espíritu que da vida los ha libertado del poder del pecado, que lleva a la muerte".

ROMANOS 8:1-2

Vivimos en una época en la que la palabra "libertad" se pronuncia con orgullo, pero se comprende con poca profundidad.. Muchos la confunden con independencia absoluta, con la idea de no responder ante nadie ni obedecer a nada. Sin embargo, cuando la libertad se separa de la verdad y del amor deja de ser un don y se convierte en una trampa. El ser humano fue creado para vivir libre, sí, pero no libre del propósito de Dios, sino libre dentro de él.

LA FALSA LIBERTAD

El mundo actual ha convertido la libertad en un estandarte, pero también en una caricatura. Se nos enseña que ser libre es hacer lo que uno quiera, cuando quiera y como quiera, sin considerar las consecuencias. Esa visión, aunque atractiva, termina siendo destructiva. Es como un tren que se enorgullece de saltar de sus rieles: confunde independencia con destino, pero lo que encuentra no es libertad, sino desastre.

Esta mentalidad ha penetrado en todos los niveles de la sociedad. Los jóvenes son alentados a "vivir su verdad", a no dejarse guiar por principios antiguos o por valores bíblicos. Sin embargo, esa búsqueda desenfrenada de autonomía ha provocado una generación más ansiosa, más vacía y más desconectada que nunca. Prometimos libertad, pero cosechamos soledad.

Vivimos en tiempos donde la "libertad" se ha convertido en una especie de ídolo moderno. Se la invoca para justificar cualquier decisión, cualquier estilo de vida, cualquier comportamiento. Se repiten frases como: "Hago lo que quiero", "Nadie me dice cómo vivir" o "Lo importante es ser feliz, sin importar lo que piensen los demás". Y así se ha instalado una idea peligrosa: libertad es sinónimo de ausencia total de límites.

Pero esa no es la libertad verdadera. Es una caricatura, una distorsión. La falsa libertad es egoísta, caprichosa, irresponsable. No construye, destruye. No busca el bien común, solo alimenta los deseos individuales. Y lo peor de todo: promete felicidad, pero deja vacío. Promete plenitud, pero genera más confusión. Esta falsa libertad aísla. Nos convence de que no necesitamos a nadie. Que no debemos rendir cuentas a nadie. Que todo lo que importa es lo que sentimos en el momento. Pero cuando uno vive así, sin rumbo, sin guía, sin principios... el alma se desordena y la vida se vuelve caótica.

SER NUESTRA PROPIA LEY

La palabra anarquía proviene del griego y significa literalmente *"sin gobierno" o "sin autoridad"*. Cuando el hombre decide ser su propio dios cae en la peor forma de esclavitud: la del ego. Sin límites, sin verdad y sin dirección, el corazón humano se vuelve campo fértil para la confusión. Dios no impuso leyes para restringirnos, sino para protegernos. Cada mandamiento es una muralla de amor que resguarda la plenitud del alma.

El apóstol Pablo advirtió: *"'Se me permite hacer cualquier cosa', pero no todo les conviene. Dicen: 'Se me permite hacer cualquier cosa', pero no todo trae beneficio"* (1 Corintios 10:23). En otras palabras, no todo lo que puedo hacer me resulta conveniente. La madurez espiritual no consiste en vivir sin reglas, sino en comprender por qué el Señor las colocó.

LAS CONSECUENCIAS DEL CAOS

Cuando se elimina la ley moral, cuando se desprecia la Palabra y se exalta el deseo, el resultado es inevitable: caos. Las familias se desintegran, la sociedad se fragmenta y los corazones se enfrían. Vemos a niños creciendo sin dirección, a matrimonios destruyéndose en nombre de la libertad y a generaciones enteras confundidas sobre lo que está bien o mal. El profeta Isaías lo dijo hace siglos: *"¡Qué aflicción para los que dicen que lo malo es bueno y lo bueno es malo, que la oscuridad es luz y la luz es oscuridad, que lo amargo es dulce y lo dulce es amargo!"* (Isaías 5:20). Ese lamento profético sigue siendo una fotografía de nuestro tiempo.

LO QUE REALMENTE ES

La verdadera libertad no consiste en hacer lo que quiero, sino en tener la fuerza para hacer lo correcto. Esa libertad solo se encuentra en Cristo. Jesús dijo: *"Y conocerán la verdad, y la verdad los hará libres"* (Juan 8:32). Esa verdad no se trata de información, sino de relación. No es una teoría, es una persona: Jesucristo.

La libertad en Él no anula los límites, los redime. Nos enseña a caminar en santidad, a amar sin condiciones y a vivir con propósito. No anula nuestra personalidad, sino que nos lleva a la plenitud de quienes realmente somos. El apóstol Pedro también escribió: *"Porque esta es la voluntad de Dios: que, practicando el bien, hagan callar la ignorancia de los insensatos. Eso es actuar como personas libres que no se valen de su libertad para encubrir su maldad, sino que viven como siervos de Dios"* (1 Pedro 2:16 NVI). La libertad que viene de Dios no es rebeldía, sino obediencia con propósito.

Los límites no son cadenas. Son protección. Son como las paredes de una casa: no te encierran; te resguardan del frío, del viento, del peligro. Los mandamientos de Dios no son una carga; son una guía para vivir con sabiduría, con paz, con sentido.

> La verdadera libertad no consiste en hacer lo que quiero, sino en tener la fuerza para hacer lo correcto.

DEL CAOS A LA PLENITUD

He visto hombres y mujeres que vivieron sin ley, sin dirección, creyendo que la felicidad estaba en el desenfreno. Terminaron vacíos, atados, rotos. Pero también los he visto renacer cuando se entregaron a Cristo. Como el hijo pródigo, regresaron al Padre y descubrieron que la verdadera libertad estaba en casa, no en la huida, no en los aparentes placeres que el mundo ofrece.

He sido testigo de incontables historias de personas transformadas por el poder de Jesucristo. Esto no es solo teoría. Lo vi con mis propios ojos. Lo vi en la vida de Julio González.

Desde los 12 años, Julio estuvo preso en institutos de menores. A los 14, fue llevado a la cárcel de Las Flores, en la ciudad de Santa Fe, clasificado como "menor peligroso", y encerrado junto a los adultos. A los 18, llegó a la cárcel de Coronda, ya con varias causas por delitos graves, entre ellas, asesinatos. Su vida parecía totalmente perdida. Había crecido sin límites, sin guía, sin ley. Solo conocía la violencia, la calle, el encierro.

Pero a los 25 años, algo dentro suyo se quebró. Cargaba tanto odio, tanta maldad, tanto cansancio que en medio de su celda, solo, comenzó a orar: "Dios, si vos existís, cámbiame". Esa oración marcó un antes y un después. Nadie lo obligó. Nadie lo empujó. Fue un grito desesperado, salido del alma.

Y Dios respondió. Porque cuando un corazón se rinde con sinceridad, el cielo se abre. Desde ese momento, Julio comenzó un proceso de transformación profunda. Poco a poco, el odio fue dando lugar al perdón. La violencia cedió ante la paz. La oscuridad fue invadida por la luz. Él mismo relata: "Desde ese momento rendí mi vida al Señor, y me dejé enseñar por su Palabra y por los pastores, día a día".

Hoy Julio tiene 50 años. Está casado con la mujer que ama, con quien formó una familia de cinco hijos. Viven en la ciudad de Paraná, Entre Ríos, donde predican la Palabra de Dios y trabajan juntos en el negocio que el Señor les dio, como empresarios y siervos del Reino.

En cada área de su vida, vieron la fidelidad de Dios. "Mi vida y mi familia cambiaron para siempre después de tomar la mejor decisión que pude haber tomado: vivir para aquel que dio su vida por mí. Hoy vivo una vida que nunca imaginé, gracias a Jesús".

Ese es el poder de la libertad verdadera. La que se encuentra cuando dejamos que Dios ponga límites, orden, propósito y amor en nuestro caos.

David Sensini, sus padres y Julio González

EL MODELO PERFECTO DE LIBERTAD

Jesús fue el hombre más libre que existió. No estaba atado al miedo ni al qué dirán. No lo movía el poder ni la aprobación de los hombres. No vivía esclavizado a la ambición de dinero o poder. Su libertad no era independencia, era obediencia con amor. Era sujeción al Padre. Él dijo: *"Mi alimento es hacer la voluntad del que me envió y terminar su obra"* (Juan 4:34 NVI). Eso es verdadera libertad: vivir para cumplir el propósito de Dios para mí, ese plan que Él pensó para cada uno de nosotros desde antes de la fundación del mundo.

Mientras el sistema grita: "Haz lo que quieras", Jesús susurra: "Sígueme. Bebe de mi agua. Toma mi mano. Vive la vida que yo tengo para ofrecerte". El mundo ofrece libertad para caer; Cristo ofrece libertad para volar. Y solo cuando el alma se rinde a su Creador, encuentra el descanso que tanto busca.

Eso es verdadera libertad: vivir para cumplir el propósito de Dios para mí.

UN LLAMADO AL CAMBIO

Tal vez hoy te sentís atrapado por una falsa idea de libertad. Creíste que seguir tus deseos te haría feliz, pero terminaste vacío, cansado o incluso herido. La buena noticia es que Dios sigue esperándote. Él no te condena; te llama. No te persigue con castigo, sino con amor. Jesús no vino a quitarte la libertad, vino a enseñarte a usarla bien. Por miles de años muchos seres humanos hemos dibujado una imagen de Dios que no tiene nada que ver con quien Él es realmente. No es el juez distante y de ceño fruncido con ansias de condenar a su propia creación al castigo eterno. El Señor es ese Padre lleno de amor que busca a sus hijos e hijas y que desea tener una relación de intimidad, no para condenar, sino para disfrutar de la verdadera felicidad que trae el conocerle y vivir conectados a su corazón. El Señor es el Juez misericordioso que desea alcanzar con gracia a todos y cada uno de nosotros, sin excepción.

Hoy es tiempo de volver. De reconocer que la libertad sin Dios es un espejismo, pero con Él se convierte en plenitud. No importa cuán lejos hayas llegado: el camino de regreso siempre está abierto. Deja que Cristo te libere, no solo de tus cadenas visibles, sino de las internas: el orgullo, el miedo, la culpa, la soledad, la angustia, el resentimiento, tus propias heridas...

Él te dice: *"Vengan a mí todos los que están cansados y llevan cargas pesadas, y yo les daré descanso"* (Mateo 11:28). Esa invitación sigue vigente. No la ignores. La verdadera libertad no es correr lejos, sino correr hacia Él.

Recuerda: la libertad sin ley es un camino al caos. Pero la libertad en Cristo es un camino a la plenitud, a la paz y al propósito. Y cuando encontramos nuestro lugar en Dios, dejamos de huir del amor y comenzamos a habitar en Él.

No importa cuán lejos hayas llegado:
el camino de regreso siempre está abierto.

CAPÍTULO 2

EL VERDADERO AROMA DEL TRIUNFO

"Así que, ¡gracias a Dios!, quien nos ha hecho sus cautivos y siempre nos lleva en triunfo en el desfile victorioso de Cristo. Ahora nos usa para difundir el conocimiento de Cristo por todas partes como un fragante perfume. Nuestras vidas son la fragancia de Cristo que sube hasta Dios, pero esta fragancia se percibe de una manera diferente por los que se salvan y los que se pierden".

2 CORINTIOS 2:14-15

"Autoridad y libertad". Dos palabras que no pueden separarse.

Porque si no recupero mi autoridad personal, no podré experimentar una libertad real. Si no me conquisto a mí mismo, entonces esa libertad que creo experimentar no es verdadera.

Como para ejemplificar esta idea, esto funciona como el perfume. Es innegable.

El apóstol Pablo escribió: *"... gracias a Dios que en Cristo siempre nos lleva triunfantes y, por medio de nosotros, esparce por todas partes la fragancia de su conocimiento"* (2 Corintios 2:14).

Este texto revela algo profundo: el triunfo en Cristo no es solo un resultado externo, es un olor, una fragancia que se manifiesta. Un aroma espiritual que revela el estado interno de una persona.

El olor muestra si hay vida o muerte. Así como sabemos que la carne está en descomposición por el olor, también una vida que ha perdido la conexión con Dios huele a muerte.

En la Biblia, Lázaro llevaba cuatro días muerto cuando Jesús llegó a Betania. Marta le dijo: *"Señor, hace cuatro días que murió. Debe haber un olor espantoso"* (Juan 11:39). El olor de la muerte era inconfundible.

Pero Jesús, la resurrección y la vida, ordenó que removieran la piedra y gritó: *"¡Lázaro, sal de ahí!"* (11:43). Y el muerto salió, envuelto en vendas, pero vivo. Donde olía a muerte, empezó a respirarse vida.

Así también ocurre en nuestra vida. Si Cristo no toca nuestro interior, tarde o temprano, se notará el hedor de la descomposición espiritual. Relaciones que se quiebran, decisiones equivocadas, hábitos destructivos. Pero cuando Cristo resucita lo que parecía perdido, la fragancia cambia. El ambiente se transforma.

EL OLOR DEL PERDÓN: EL PRIMER TRIUNFO

El primer gran triunfo en Cristo es el perdón. Cuando el Evangelio llega al corazón de alguien, no solo perdona su pasado sino cambia su aroma, "limpia el ambiente". De repente, la vergüenza ya no gobierna, la culpa ya no domina, el autoengaño ya no oprime.

Ese "olor" es evidente. La familia lo percibe, los amigos lo notan. Ya no actúa desde la amargura, sino desde la gracia. El resentimiento cede lugar a la humildad. El Espíritu Santo comienza a producir frutos. Ese perfume no puede esconderse, no puede disimularse.

Pablo lo expresa en 2 Corintios 5:17: *"De modo que si alguno está en Cristo, nueva criatura es; las cosas viejas pasaron; he aquí todas son hechas nuevas"*.

> Cuando Cristo resucita lo que parecía perdido, la fragancia cambia.

He visto hogares donde el padre, que antes era motivo de vergüenza y deshonra, se convirtió en motivo de orgullo.

Un hombre que vivió en adicciones, de repente cambió su olor espiritual. Donde antes había peleas y gritos, ahora suenan alabanzas. Donde había llanto de niños con miedo, ahora se escuchan risas de alegría.

El ambiente cambia. Y ese cambio no se logra con maquillaje espiritual, sino con una transformación interna que solo Cristo puede hacer. Como Él mismo dice: *"¡Todo el que crea en mí puede venir y beber! Pues las Escrituras declaran: 'De su corazón, brotarán ríos de agua viva'"* (Juan 7:38).

PELIGROS DE LA VULNERABILIDAD

Sin embargo, hay un peligro en el inicio de ese camino de libertad: la vulnerabilidad. Cuando alguien empieza a caminar en vida nueva, está expuesto. El enemigo intenta seducirlo, las viejas amistades intentan arrastrarlo hacia hábitos pasados, las tentaciones golpean fuerte.

Por eso la cobertura espiritual es clave. Una persona transformada necesita permanecer cerca de la Fuente. Necesita iglesia, necesita Palabra de Dios, necesita oración. Porque la libertad sin sujeción al Espíritu se convierte en rebeldía, y la autoridad sin transformación se convierte en manipulación.

Jesús lo advirtió:

> *"Cuando un espíritu maligno sale de una persona, va al desierto en busca de descanso, pero no lo encuentra. Entonces dice: 'Volveré a la persona de la cual salí'. De modo que regresa y encuentra su antigua casa vacía, barrida y en orden. Entonces el espíritu busca a otros siete espíritus más malignos que él, y todos entran en la*

persona y viven allí. Y entonces esa persona queda peor que antes. Eso es lo que le ocurrirá a esta generación maligna".

—MATEO 12:43-45

Es así de vital que entendamos que cuando abrazamos la vida que Jesucristo nos ofrece, debemos mantenernos conectados a la Fuente de vida, porque solo esa relación cercana, íntima y diaria podrá protegernos de los ataques que el enemigo. La Palabra de Dios nos alerta: *"¡Estén alerta! Cuídense de su gran enemigo, el diablo, porque anda al acecho como un león rugiente, buscando a quién devorar. Manténganse firmes contra él y sean fuertes en su fe"* (1 Pedro 5:8-9).

> Una persona transformada necesita mantenerse conectada a la Fuente.

UN TESTIMONIO DE VIDA

El olor del triunfo no se impone, se percibe. Es una evidencia, no una propaganda. Se nota en la forma en que alguien trata a su esposa, en cómo cría a sus hijos, en cómo maneja sus negocios, en cómo enfrenta la enfermedad, en cómo perdona a sus enemigos.

El apóstol Pablo decía: *"Mi antiguo yo ha sido crucificado con Cristo. Ya no vivo yo, sino que Cristo vive en mí"* (Gálatas 2:20). Esa es la esencia del testimonio cristiano: cuando ya no huelo a mí mismo, sino a Cristo. Cuando ya no se nota mi orgullo, sino su humildad. Cuando ya no se siente mi resentimiento, sino su gracia.

Cada batalla vencida deja un nuevo perfume. El que dejó la adicción huele a libertad. El que perdonó al que ofendió o lastimó huele a reconciliación. El que entregó su vida a Cristo huele a salvación. Ese olor impacta a quienes lo rodean. *"¡Pero gracias a Dios! Él nos da la victoria sobre el pecado y la muerte por medio de nuestro Señor Jesucristo"* (1 Corintios 15:57). La victoria no es solo un título, es un aroma que acompaña a quienes han sido redimidos.

Recuperar la autoridad en Cristo no es cuestión de títulos ni de puestos; es vivir una vida transformada desde adentro. Es ese cambio radical que solo lo provoca el encuentro con Jesucristo. Es caminar con su fragancia, ser testimonios vivos, ser embajadores de un Reino de vida y esperanza.

El olor del triunfo es más que una metáfora: es la muestra viviente que marca la diferencia. Es la evidencia innegable. Es ese perfume que inunda el ambiente. Donde antes había hedor a muerte, ahora hay perfume de vida eterna. Donde antes había descomposición, ahora hay restauración.

Es mi oración y deseo para cada uno de nosotros que cada día podamos caminar en esa victoria, dejando atrás el olor de la muerte y respirando el perfume de la vida en Cristo. Ese es el verdadero olor del triunfo.

"

**Donde antes había hedor a muerte,
ahora hay perfume de vida eterna.**

———————————

CAPÍTULO 3

DEL INFIERNO AL PROPÓSITO

"Dios los salvó por su gracia cuando creyeron. Ustedes
no tienen ningún mérito en eso; es un regalo de Dios. La
salvación no es un premio por las cosas buenas que hayamos
hecho, así que ninguno de nosotros puede jactarse de ser
salvo. Pues somos la obra maestra de Dios. Él nos creó
de nuevo en Cristo Jesús, a fin de que hagamos las cosas
buenas que preparó para nosotros tiempo atrás".

EFESIOS 2:10

Juan Chávez

Hay historias que parecen escritas con tinta de dolor. Historias que desde el comienzo parecen destinadas a terminar en tragedia. Sin embargo, cuando la gracia de Dios irrumpe en medio del infierno, lo imposible sucede. Esta es la historia de un hombre cuya vida fue arrancada de las llamas del odio y la desesperanza, y transformada en testimonio vivo de propósito.

INFANCIA MARCADA POR EL DOLOR

Juan Chávez creció en un hogar quebrado. La ausencia de un padre biológico dejó un vacío, y en su lugar se levantó la figura de un padrastro abusador, violento y hostil. Su niñez estuvo rodeada de lágrimas silenciosas, de miedos no expresados y de un corazón endurecido antes de tiempo. Ese dolor no atendido lo empujó a buscar refugio en la calle, donde la violencia parecía ser el único lenguaje posible.

El profeta Isaías describe bien estas heridas cuando dice: *"Desde la planta del pie hasta la coronilla no les queda nada sano: todo en ellos es heridas, moretones y llagas abiertas, que no les han sido curadas, ni vendadas, ni aliviadas con aceite"* (Isaías 1:6 NVI). Así estaba su alma: herida y sangrando, sin consuelo ni esperanza.

LUZ EN MEDIO DEL ABISMO

A los 16 años, Juan ya estaba tras las rejas. Conoció la cárcel de Caseros, y más tarde Sierra Chica, Olmos y tantas otras. Cada traslado parecía confirmarle que su vida estaba destinada a la ruina. La droga, el alcohol, la violencia y la desesperanza se habían convertido en sus cadenas. No había salida.

Sin embargo, Dios no olvida al caído. *"¿Puede una madre olvidar a su niño de pecho? ¿Puede no sentir amor por el niño al que dio a luz? Pero aun si eso fuera posible, yo no los olvidaría a ustedes"* (Isaías 49:15). Incluso en el pozo más profundo, la mano de Dios seguía extendida.

"

Cuando la gracia de Dios irrumpe en medio del infierno, lo imposible sucede.

Fue en la cárcel de Coronda donde su historia tocó fondo. En aislamiento total, enfermo de tuberculosis, sin visitas ni consuelo, Juan elevó una oración desde el abismo: "Dios, si existís, dame una oportunidad". Y el cielo respondió.

El Señor lo trasladó al pabellón cinco sur, hoy conocido como *Pabellón iglesia del Redil de Cristo*. Allí vio lo que nunca creyó posible: hombres con los brazos en alto en señal de adoración, algunos lloraban de gozo, otros arrodillados orando, todos con un semblante de libertad, libres de la amargura y el odio. Su corazón comenzó a quebrarse, y donde había muerte, nació vida. El apóstol Pablo lo expresa así: *"Ustedes estaban muertos a causa de sus pecados y porque aún no les habían quitado la naturaleza pecaminosa. Entonces Dios les dio vida con Cristo al perdonar todos nuestros pecados"* (Colosenses 2:13).

LA MASACRE DE CORONDA

En 2005, durante la masacre de Coronda[1], Juan tomó una decisión que selló su transformación. La misma persona que antes no valoraba su vida, ahora estaba dispuesto a darla por otros. Junto a hermanos en la fe, se plantó en la puerta del pabellón para evitar más derramamiento de sangre. Protegieron con su cuerpo a empleados y autoridades. El infierno se topó con el propósito.

El Señor dijo: *"No hay un amor más grande que el dar la vida por los amigos"* (Juan 15:13). No sabemos si todas aquellas personas eran amigos, pero sí estamos seguros de que el amor incomparable de Dios había transformado el corazón de Juan y había comenzado a gobernar su vida.

---

1. N. de la E.: La "Masacre de Coronda" fue un motín carcelario ocurrido la noche del 11 de abril de 2005 en la Unidad Penitenciaria N° 1 de Coronda, provincia de Santa Fe, que dejó un saldo oficial de 14 presos muertos y varios heridos.

DE LA RUINA A LA RESTAURACIÓN

Hoy Juan lleva más de 18 años en libertad. Restauró su matrimonio, levantó un negocio de transporte y carpintería, y junto a su familia sirven al Señor con gratitud. La vida que antes fue un ejemplo de destrucción, hoy es un faro de esperanza. Él es evidencia viva de que Dios transforma lo imposible.

El salmista lo dijo: *"Me sacó del foso de desesperación, del lodo y del fango. Puso mis pies sobre suelo firme y a medida que yo caminaba, me estabilizó. Me dio un canto nuevo para entonar, un himno de alabanza a nuestro Dios. Muchos verán lo que él hizo y quedarán asombrados; pondrán su confianza en el Señor"* (Salmo 40:2-3).

Lo más impactante es que la transformación de Juan no quedó solamente en él. Su vida cambió el destino de su familia, y abrió el camino para que muchos otros encontraran esperanza en Cristo. Hoy, hijos y nietos celebran la obra de Dios; se levantan nuevas generaciones que saben que nunca es demasiado tarde para comenzar de nuevo.

Su testimonio confirma la palabra: *"Cree en el Señor Jesús y serás salvo, junto con todos los de tu casa"* (Hechos 16:31).

La vida de Juan es un recordatorio poderoso: no importa cuán profundo sea el abismo, la mano de Dios es más fuerte. Donde otros ven ruina, Él ve propósito. Donde muchos ven cenizas, Él trae belleza. Y ese propósito no solo cambia un destino, sino que multiplica la esperanza para todos los que rodean a quien se entrega por completo a Cristo. No solo transforma la vida de la persona que decide entregarle su vida a Jesús; también trae consecuencias de bendición para toda su familia. El Señor trae salvación, transformación y un legado de gracia para todos los que deciden seguirle.

99

"Dios, si existís, dame una oportunidad". Y el cielo respondió.

———————————

EL ACREEDOR ESTÁ A LA PUERTA

"Cristo nos libertó para que vivamos en libertad. Por lo tanto, manténganse firmes y no se sometan nuevamente al yugo de esclavitud... Les hablo así, hermanos, porque ustedes han sido llamados a ser libres; pero no se valgan de esa libertad para dar rienda suelta a sus pasiones".

GÁLATAS 5:1, 13

La Biblia relata la historia de una viuda que llega a un profeta llamado Eliseo con el corazón en la mano. No fue a pedir lujos, éxito o fortuna. Se acercó al hombre de Dios para clamar por sus hijos: *"Cierto día, la viuda de un miembro del grupo de profetas fue a ver a Eliseo y clamó: 'Mi esposo, quien te servía, ha muerto, y tú sabes cuánto él temía al Señor; pero ahora ha venido un acreedor y me amenaza con llevarse a mis dos hijos como esclavos'"* (2 Reyes 4:1).

No hay escena más actual. Una madre, víctima de un sistema implacable. Un esposo temeroso de Dios, que muere endeudado. Y un acreedor inescrupuloso que no pide dinero... pide hijos. No solo amenaza el presente, quiere también esclavizar el futuro.

Eso mismo se ve reflejado en el sistema de hoy: endeuda a las personas con consumo y más consumo, las atrapa con placeres apetitosos y que luego no pueden pagar, y en ese círculo vicioso, cuando ya no se puede más, el sistema no solo viene a quitar cosas materiales o dinero, sino que viene por todo, por los hijos, por el legado, por el futuro.

¿Quién es ese acreedor en nuestros tiempos?

- Las drogas que arrasan generaciones.
- La delincuencia organizada que seduce a los jóvenes.
- La pobreza estructural que roba sueños.
- El abandono paternal que deja a niños criando niños.

La esclavitud moderna no siempre tiene cadenas de hierro, pero sí de deudas, atrapa con adicciones y arrasa con desesperanza.

Lamentablemente esto no nos es ajeno; es una realidad que viven muchos a nuestro alrededor. El sufrimiento que trae esta condición no solo afecta a la persona esclavizada por un sistema sino también a sus familias y amigos. Es probable que tú mismo conozcas personas que están atrapados en esta condición.

NO HAY DISTINCIÓN

Pero en esta historia de la viuda y el profeta hay un detalle para nada menor, de hecho es muy fuerte: esta viuda viene a representar al pueblo de Dios. No era una desconocida. Su esposo era siervo del profeta.

Encontramos muchos cristianos, creyentes comprometidos con el Evangelio, buenas personas que aman a Cristo que creen que su fe funciona como una suerte de protección frente a todos estos males que amenazan a la sociedad actual. Creen que este tipo de conflictos no es para ellos, sino que "le pasa a otras personas". Así, la fe se piensa como un amuleto de la suerte alejando males y problemas. Pero no funciona así. Aún los hijos de Dios luchamos constantemente contra nuestra propia carne, contra nuestra propia naturaleza pecaminosa. Las drogas, la esclavitud, la delincuencia no hace distinción alguna. Todos estamos amenazados.

¿Estoy acaso diciendo entonces que la fe no sirve? Muchos piensan que funciona como espejitos de colores, como "consuelo de tontos" deja aquietada la consciencia. ¡Claro que no! Nuestra fe en Dios no es solo una cuestión de sentimientos o sensaciones, es Él mismo obrando directamente en nuestra realidad, cambiando nuestro corazón, nuestra visión de la vida y nuestro modo de obrar frente a las diferentes circunstancias que nos toca enfrentar. Nos consuela, nos fortalece, nos inspira, seca nuestras lágrimas, reconstruye nuestros pedazos, nos da plenitud y felicidad. Es cierto que estamos expuestos, como cualquier ser humano, a los males y problemas que aquejan a nuestro medio, pero es igual de cierto que Jesucristo nos ayuda en cada una de las situaciones que vivimos.

NUESTRA PARTICIPACIÓN

¿Cuál fue la respuesta del profeta?

"¿Cómo puedo ayudarte?—preguntó Eliseo—. Dime, ¿qué tienes en tu casa?" (v. 2).

No le preguntó cuánto debía. Le preguntó qué tenía. Porque Dios no trabaja desde lo que falta, sino desde lo que queda.

Ella dijo: *"No tengo nada, solo un frasco de aceite de oliva"* (v. 2). Y eso que parece insignificante fue suficiente para el milagro. Aunque a ti te parezca imposible, piensas que no queda nada, que nada sirve, cuando la desesperanza es tan grande que parece aplastar, recuerda esta historia. Dios quiere usarte a ti, aun a pesar de ti mismo. Tu vida no está acabada. Tu historia no está terminada. Esos pedazos sirven. Eso puede ser el inicio de la reconstrucción de tu vida, tu familia, tu realidad. En Jesucristo lo que parece imposible, se vuelve posible; y Él está dispuesto a hacer milagros en tu realidad si lo deseas.

> Nuestra fe en Dios no es solo una cuestión de sentimientos o sensaciones, es Él mismo obrando directamente en nuestra realidad.

Es a la vez llamativo ver que Dios no multiplicó oro ni dinero. Multiplicó aceite. El aceite en el cristianismo es símbolo del Espíritu Santo. Porque cuando hay aceite, hay libertad. Cuando hay presencia de Dios, hay provisión. Cuando hay fe, hay salida. Que estés leyendo este libro puede ser una señal de que hay algo de aceite en ti. Que consideres a Jesucristo como la respuesta a tu necesidad sin duda es un comienzo extraordinario.

"Entonces Eliseo le dijo: 'Pídeles a tus amigos y vecinos que te presten todas las jarras vacías que puedan. Luego ve a tu casa con tus hijos y cierra la puerta. Vierte en las jarras el aceite de oliva que tienes en tu frasco y cuando se llenen ponlas a un lado'. Entonces ella hizo lo que se le indicó. Sus hijos le traían las jarras y ella las llenaba

una tras otra. ¡Pronto todas las jarras estaban llenas hasta el borde! —Tráeme otra jarra—le dijo a uno de sus hijos. —¡Ya no hay más!—le respondió. Al instante, el aceite de oliva dejó de fluir. Cuando ella le contó al hombre de Dios lo que había sucedido, él le dijo: 'Ahora vende el aceite de oliva y paga tus deudas; tú y tus hijos pueden vivir de lo que sobre'".

2 REYES 4:3-7

La viuda obedeció, llenó vasijas, y al final... pagó la deuda y vivió con sus hijos.

La generación no fue esclavizada. Fue liberada por una madre que creyó en medio del dolor.

> ## Cuando hay presencia de Dios, hay provisión. Cuando hay fe, hay salida.

Hemos visto madres y padres cansados, desesperanzados, agobiados frente a la esclavitud de algún hijo o hija. La lucha es feroz, despiadada e injusta. Pero te insto a que no bajes los brazos. No tires la toalla porque, en Dios, tus lágrimas tendrán fruto. Tus oraciones son escuchadas. Todo tu esfuerzo y trabajo, que incluso puede parecerte inútil,, tendrá su recompensa. Ese poco de aceite marca la diferencia.

UN ACREEDOR LLAMADO NARCOTRÁFICO

El acreedor en la historia bíblica no tiene rostro, pero hoy conocemos uno que sí lo tiene.

En ciudades como Rosario lo hemos visto de primera mano, aunque tristemente está presente en muchos puntos de nuestro país. Este acreedor tiene logística, tiene armas, tiene poder, tiene dinero, tiene conexiones. Y también tiene estrategia: atrapa a los chicos antes de que sepan quiénes son.

He visto con mis propios ojos a bandas organizadas buscando niños de apenas 12 años. No los secuestran con violencia, los seducen con dinero, zapatillas caras, celulares, mujeres. Los endeudan en silencio. Les dan placeres, y luego les pasan la factura: "Ahora nos debés. Ahora tenes que hacer lo que te digamos. Ahora nos perteneces". Los usan de "mulas", de soldados, de ojos. Los mandan a robar, a disparar, a repartir droga. Si se resisten, los amenazan con matar a su familia. Y si quieren salir, ya es tarde: están marcados, son rehenes. El costo de salida es altísimo, y casi nadie está dispuesto a pagarlo porque puede no solo involucrar a la propia vida sino la del entorno. Ya no solo está en peligro la persona afectada, sino también la de su familia.

Ese es el acreedor moderno. No está interesado en cobrar dinero. Quiere cobrarse vidas. Quiere el futuro de nuestras familias. Quiere sembrar muerte mientras los padres luchan por sobrevivir. Y muchos de estos chicos vienen de hogares sin padre, sin sustento, sin fe. Como la viuda de la que nos habla la Palabra de Dios, las madres claman: "... ha venido un acreedor y me amenaza con llevarse a mis dos hijos como esclavos".

Por eso la Iglesia no puede estar distraída. Por eso la comunidad no puede callar. Necesitamos profetas como Eliseo que pregunten: *"¿Qué tienes en tu casa?"*. Y también necesitamos madres, abuelas, tíos, pastores y líderes que respondan: "Sólo tengo una vasija de aceite... tengo fe, tengo oración, tengo resistencia, tengo esperanza de que esto puede cambiar". Porque mientras haya aceite, todavía hay esperanza. Y si el aceite fluye, si el Espíritu Santo de Dios obra, el acreedor va a frenar. Tengo la plena certeza de que esto es así. Jesús nos dijo: *"Se me ha dado toda autoridad en el cielo y en la tierra"* (Mateo 28:18). No hay nada que pueda contra Él. Nada ni nadie puede hacerle frente. En la cruz del Calvario obtuvo la victoria. Y es la misma que nos ofrece hoy a ti y a mí. A los padres abatidos, a los familiares doloridos, a las sociedades golpeadas por estos acreedores que sólo buscan muerte.

"

En la cruz del Calvario obtuvo la victoria. Y es la misma que nos ofrece hoy.

___

No estamos solos en esta guerra. El Dios de los cielos está de nuestro lado, ya lo ha dicho en su Palabra: *"No les tengas miedo porque te he dado la victoria. Ni uno de ellos podrá hacerte frente*" (Josué 10:8) *"Y tengan por seguro esto: que estoy con uste-des siempre, hasta el fin de los tiempos"* (Mateo 28:20). Ponte de pie y toma tu victoria por ti, por tu familia, por tu ciudad, por nuestra nación.

LA MADRE DEL SICARIO: ENTRE EL DOLOR Y LA JUSTICIA

"No imiten las conductas ni las costumbres de este mundo, más bien dejen que Dios los transforme en personas nuevas al cambiarles la manera de pensar. Entonces aprenderán a conocer la voluntad de Dios para ustedes, la cual es buena, agradable y perfecta".

ROMANOS 12:2

Un domingo como cualquier otro terminé de predicar en mi congregación. La gente se acercaba, algunos pidiendo oración, otros dando gracias. Pero entre todas aquellas personas, una mujer se me acercó distinta... con la mirada baja, los ojos rojos y el alma cargada de un dolor profundo. Se notaba desde lejos.

Se acercó llorando, con mucha vergüenza, y me dijo: "Pastor, hace cuatro años mataron a uno de mis hijos. Y en ese momento, le pedí a Dios que hiciera justicia. Que atraparan al asesino". Yo la escuchaba en silencio, orando por dentro, sin imaginar lo que iba a decir después: "Hoy vi en la televisión el video del asesinato del chofer del colectivo. La cámara mostraba una silueta... no se veía la cara. Pero yo lo reconocí. El asesino es mi otro hijo".

Un silencio indescriptible invadió el ambiente. Un dolor que desgarraba.
Una madre que ya había atravesado el valle de la pérdida, ahora enfrentaba una cruz aún más cruel: descubrir que uno de sus hijos era el victimario por el cual ella misma había pedido justicia. Primero madre de una víctima, ahora madre de un victimario. Una paradoja que parecía insoportable.

EL PESO DE UNA MADRE ENTRE DOS DOLORES

Ese día no tuve palabras inmediatas. No era momento de sermones, era momento de abrazar en medio del dolor.

Lloramos juntos. Y luego, con suavidad, compartí lo que el Espíritu Santo me mostró: "Si tu hijo no se entrega, la maldición va a perseguirlo. Va a seguir matando. Va a arrastrar muerte y nunca escapará de la justicia... ni de los hombres, ni de Dios".

Ella entendió. Aunque su corazón de madre se debatía entre el amor y la obediencia, la luz del Señor fue más fuerte. Fue ella misma quien lo convenció. Me llamó luego con voz temblorosa: "Mi hijo quiere entregarse. Pero quiere hacerlo acompañado por usted".

"

Una madre que ya había atravesado
el valle de la pérdida, ahora
enfrentaba una cruz aún más cruel.

UNA ENTREGA CON SIGNIFICADO ESPIRITUAL

Hablé con el ministro de justicia. Pactamos su entrega. No como un arreglo político, ni como un espectáculo mediático, sino como lo que verdaderamente fue: una entrega espiritual. Un acto de conciencia, un comienzo. Un paso hacia la verdad que puede doler, pero que también libera.

Jesús dijo: *"y conocerán la verdad, y la verdad los hará libres"* (Juan 8:32). Esa libertad no comienza con la absolución, sino con la decisión de enfrentar la luz en lugar de ocultarse en las tinieblas.

No sabíamos qué haría después. Si se arrepentiría, si cambiaría, si daría frutos dignos de arrepentimiento.

Pero alguien tenía que estar allí, señalando el camino hacia una esperanza posible, hablando de un Dios que no se asusta por nada y que ama a pesar de todo. El profeta Miqueas escribió: *"¿Dónde hay otro Dios como tú, que perdona la culpa del remanente y pasa por alto los pecados de su preciado pueblo? No seguirás enojado con tu pueblo para siempre, porque tú te deleitas en mostrar tu amor inagotable"* (Miqueas 7:18).

MADRES ATRAPADAS ENTRE EL DOLOR Y LA ESPERANZA

Esta historia no es única. Hay muchas madres en los barrios que viven atrapadas entre el duelo y la culpa, entre la pérdida y el miedo. Algunas claman por justicia, otras ruegan por misericordia, pero todas necesitan esperanza. Una esperanza que solo Cristo puede dar.

El mismo Señor dijo: *"Dios bendice a los que lloran, porque serán consolados"* (Mateo 5:4).

La Iglesia tiene que estar allí, acompañando a esas madres, mostrando que hay un Dios que no abandona. Así como Eliseo estuvo con la viuda en su necesidad (2 Reyes 4), así la Iglesia debe estar con las familias que cargan dolores imposibles. No somos jueces. No somos salvadores. Somos testigos del Dios que todavía tiene poder para escribir nuevos comienzos, aun en las historias más rotas y en las familias más heridas.

> La Iglesia tiene que estar allí,
> acompañando a esas madres, mostrando
> que hay un Dios que no abandona.

JUSTICIA Y MISERICORDIA: UN DELICADO EQUILIBRIO

El Estado busca justicia, y la necesita. Pero el Reino de Dios anuncia algo más alto: justicia acompañada de misericordia.

El apóstol Santiago escribió: *"La misericordia triunfa sobre el juicio"* (Santiago 2:13RVR60).

Eso no significa impunidad, significa que incluso en medio de la condena puede nacer la esperanza.

La cruz misma es el mejor ejemplo: donde el Hijo de Dios fue condenado, allí mismo se abrió el camino de salvación para todos los que decidimos aceptarla.

El hijo de esa madre debía enfrentar la justicia de los hombres. Pero al mismo tiempo, la misericordia de Dios podía alcanzarlo. Lo que comenzó como una entrega judicial, podía convertirse en un proceso espiritual de restauración.

LA IGLESIA COMO FARO EN MEDIO DEL DOLOR

En cada barrio, en cada villa, en cada cárcel, la Iglesia está llamada a ser ese faro de luz. Un lugar donde las lágrimas se transforman en oración, donde la desesperanza se encuentra con la Palabra de vida. Jesús mismo declaró: *"Yo soy la luz del mundo. Si ustedes me siguen, no tendrán que andar en la oscuridad porque tendrán la luz que lleva a la vida"* (Juan 8:12).

La misión de la Iglesia es caminar junto a los quebrantados, mostrando que ningún pecado es demasiado grande para ser perdonado y que ninguna herida es demasiado profunda para que Cristo no pueda sanarla.

UN NUEVO COMIENZO

El verdadero milagro no está solo en que un sicario se entregue, sino en que un corazón sea tocado por la gracia. La entrega fue apenas el inicio de un camino que sólo Dios conoce.

Como escribió el apóstol Pablo: *"Esto significa que todo el que pertenece a Cristo se ha convertido en una persona nueva. La vida antigua ha pasado; ¡una nueva vida ha comenzado!"* (2 Corintios 5:17).

Ese es el mensaje que queda grabado: aun en medio del dolor más intenso y la justicia más severa, el amor de Dios sigue teniendo la última palabra. Y donde parece que la historia terminó, el Señor escribe un nuevo capítulo.

En medio del dolor más intenso y la justicia más severa, el amor de Dios sigue teniendo la última palabra.

CAPÍTULO 6

MATAR A LÁZARO: EL ODIO A LO QUE VUELVE A LA VIDA

"Entonces Jesús gritó: «¡Lázaro, sal de ahí!». Y el muerto salió de la tumba con las manos y los pies envueltos con vendas de entierro y la cabeza enrollada en un lienzo. Jesús les dijo: '¡Quítenle las vendas y déjenlo ir!'... Entonces los principales sacerdotes decidieron matar a Lázaro también, ya que a causa de él mucha gente los había abandonado a ellos y ahora creían en Jesús".

JUAN 11: 43-44, 12:10-11

Lázaro nunca pidió ser un símbolo. No levantó la voz en la plaza ni desafió al imperio. Solo respiró de nuevo. Solo volvió a abrir los ojos después del silencio de la tumba, y ese acto sencillo —vivir— se volvió una amenaza. Su existencia era, en sí misma, un testimonio que desnudaba la impotencia de los sistemas religiosos y políticos frente al poder de la vida. Porque, ¿cómo se combate la evidencia viva de un milagro?

El aire nuevo que llenaba sus pulmones se convirtió en un escándalo. Los murmullos crecían en los corredores del templo: "Ese hombre estaba muerto... y ahora camina entre nosotros". No soportaban ver la prueba de que la muerte podía ser vencida. Y es que el sistema que se alimenta del miedo no tolera a los que caminan libres. Los resucitados rompen las reglas porque su sola presencia recuerda que hay un poder más alto que la culpa, más fuerte que la ley, más profundo que la condena.

LA AMENAZA DEL RESUCITADO

Hoy, tantos siglos después, el espíritu de aquel odio sigue vivo. No ha cambiado de rostro, solo de lenguaje. La cultura moderna no apedrea a los Lázaros, pero los silencia. Los ridiculiza. Los etiqueta. Les pone nombres que suenen razonables: "Fanático", "Radical", "Adoctrinado". Pero detrás de cada palabra está el mismo impulso que en los días de Jerusalén: matar la vida que Jesús despertó. *La luz brilla en la oscuridad, y la oscuridad jamás podrá apagarla"* (Juan 1:5).

El joven que deja las drogas y elige la fe se convierte en un testigo peligroso porque demuestra que la oscuridad no tiene la última palabra. La mujer que decide preservar a su hijo cuando el mundo le grita que lo aborte, representa una rebelión santa contra la cultura de muerte. El hombre que se arrodilla y pide perdón, que rehace su historia, que deja que Cristo reconstruya sus ruinas es una afrenta para el infierno. *"Esto significa que todo el que pertenece a Cristo se ha convertido en una persona nueva. La vida antigua ha pasado; ¡una nueva vida ha comenzado!"* (2 Corintios 5:17).

El mundo le teme a los que regresan de la tumba porque no hay argumento que pueda desmentir una vida transformada. Puedes discutir una doctrina, pero no puedes negar la mirada de quien fue liberado. No puedes anular el fuego en los ojos de quien escuchó su nombre en la boca del Maestro y salió del sepulcro envuelto en vendas. Jesús no solo dio una nueva oportunidad: dio un nuevo sentido, un nuevo propósito: *"mi propósito es darles una vida plena y abundante"* (Juan 10:10).

Y esa abundancia molesta. Porque una vida plena revela la esterilidad de quienes viven en sombras. La esperanza irrita al que eligió la resignación. La fe incomoda al cínico. El gozo desconcierta al que vive del dolor. Por eso quieren volver a enterrar a Lázaro, no bajo piedras, sino bajo desánimo, distracciones y dudas. Pero un corazón que ha aceptado y abrazado a Cristo no puede silenciarse: *"Les aseguro que, si ellos se callan, gritarán las piedras"* (Lucas 19:40 NVI).

Ser un resucitado en esta generación es un acto de resistencia. Es negarse a regresar a la oscuridad solo porque la luz hiere los ojos de los que aún duermen. Es caminar por las calles llevando una verdad que no puede ocultarse. Cada paso, cada sonrisa, cada gesto de amor es un sermón que no necesita micrófono. Porque el mensaje no está en lo que decimos, sino en lo que somos. *"Mi antiguo yo ha sido crucificado con Cristo. Ya no vivo yo, sino que Cristo vive en mí. Así que vivo en este cuerpo terrenal confiando en el Hijo de Dios, quien me amó y se entregó a sí mismo por mí"* (Gálatas 2:20).

Jesús no llamó a Lázaro para esconderlo, sino para mostrarlo. Lo sentó a la mesa, entre amigos, delante de los mismos que planificaban su muerte. Y allí, en esa cena, la vida triunfó sobre la conspiración. El amor se sentó a comer con su propio milagro.

Así también nosotros estamos llamados a vivir de cara al mundo, no como espectros asustados, sino como señales vivientes de que el cielo tiene la última palabra.

El mundo le teme a los que regresan de la tumba porque no hay argumento que pueda desmentir una vida transformada.

TU HISTORIA, UN PUENTE

No todos entenderán tu regreso. Algunos recordarán el olor de tu tumba, pero no el tono de la voz que te llamó. Otros te juzgarán por las vendas que todavía cuelgan de tu pasado. Pero Cristo no te levantó para agradarles.

Te levantó para que otros crean al verte caminar. *"Entonces los principales sacerdotes decidieron matar a Lázaro también, ya que a causa de él mucha gente los había abandonado a ellos y ahora creían en Jesús"* (Juan 12:10-11). Eso mismo sucederá contigo: tu historia será un puente; tu proceso una predicación viva.

El infierno odia los testimonios. Por eso intentará sepultarte otra vez bajo culpa, vergüenza o distracción. Pero tú no naciste para vivir entre tumbas. Jesús te llamó por tu nombre, te limpió el rostro y te dio una misión. No regreses a la oscuridad. No escondas tu historia. Porque la prueba de que Cristo resucita no es un sermón: es un Lázaro caminando por la calle, es una vida encendida en medio del polvo. Las personas pueden no creer en palabras o predicaciones, pero ver una vida transformada no puede negarse.

> Tu historia será un puente;
> tu proceso una predicación viva.

Y cuando el miedo te susurre que no eres digno, recuerda que el mismo poder que levantó a Jesús de entre los muertos vive en ti (ver Romanos 8:11). Ese poder no solo te trajo de vuelta, sino que te sostiene día a día. Porque la resurrección no fue un evento, sino el inicio de un camino. Un camino de fe, de pasión, de perdón, de amor inquebrantable.

LEVANTA TU CABEZA

Así que ponte de pie. Sacude las vendas. Respira profundo. El mundo no odia al muerto; odia al que volvió a vivir. Pero no tengas miedo, porque *"el Espíritu que vive en ustedes es más poderoso que el espíritu que vive en el mundo"* (1 Juan 4:4).

Camina sabiendo que cada latido de tu corazón es una declaración contra la oscuridad. Eres una evidencia viva de que el amor puede más que la muerte. Y mientras haya vida en ti, habrá esperanza para los que aún están en la tumba.

LLAMADOS A QUITAR VENDAS

Lázaro no salió de la tumba caminando como un vencedor. Salió con dificultad, torpe, envuelto en vendas, con el rostro cubierto por un lienzo. La vida había regresado a su cuerpo, pero todavía cargaba las marcas de la muerte. El milagro ya estaba hecho, el poder de Dios había sido manifestado, la voz de Jesús había atravesado el sepulcro y había pronunciado su nombre. Sin embargo, la escena no termina ahí.

El texto es claro: el muerto salió, pero no salió libre.

Ese detalle, tantas veces leído con rapidez, contiene una de las verdades más profundas y desafiantes del Evangelio. Jesús resucita a Lázaro, pero no le quita las vendas. No le limpia el rostro. No lo libera de las ataduras. En cambio, mira a los que están alrededor y les da una orden sencilla y radical: *"Desátenlo y déjenlo ir"*.

Es eso mismo lo que nos impulsa a ser Iglesia. Ese es el llamado. Esa es la misión: predicar el mensaje del Evangelio y una vez que Jesús trajo a una vida a la persona, ayudarle con sus vendas.

Porque el milagro es de Dios, pero el proceso es también de la comunidad de la fe. La resurrección es un acto soberano del cielo; la reinserción es una tarea humana sostenida por la gracia. Jesús devuelve la vida, pero la comunidad es la encargada de acompañar esa vida nueva hasta que pueda caminar con libertad.

El milagro es de Dios, pero el proceso
es también de la comunidad de la fe.

Lázaro necesitaba manos ajenas. Necesitaba cercanía. Necesitaba gente dispuesta a tocarlo aun cuando todavía oliera a tumba. Y eso no ha cambiado con el paso de los siglos.

Todo resucitado sale con vendas.
Sale con heridas abiertas, con hábitos que todavía pesan, con recuerdos que atan, con vínculos rotos, con miedo al rechazo. Sale vivo, sí, pero vulnerable. Y ahí se abre una pregunta incómoda para la Iglesia: ¿qué hacemos con los que vuelven?

El mundo suele tener una respuesta clara y cruel. Celebra la rehabilitación mientras sea una historia a distancia. Aplaude el cambio mientras no tenga que convivir con él. Pero cuando el resucitado vuelve al barrio, a la mesa, al trabajo, a la iglesia, el entusiasmo se vuelve sospecha. El pasado pesa más que el presente. El milagro incomoda al sistema porque expone que la muerte no era definitiva.

Por eso quisieron matar a Lázaro. No porque hablara demasiado, sino porque existía. Su vida era un testimonio imposible de refutar. *"Entonces los principales sacerdotes decidieron matar a Lázaro también, ya que a causa de él mucha gente los había abandonado a ellos y ahora creían en Jesús"* (Juan 12:10-11). No se puede discutir con alguien que estuvo muerto y ahora vive. Su sola presencia denunciaba la esterilidad de un sistema que se alimentaba del control, la culpa y el miedo.

Hoy sucede lo mismo. El joven que deja la droga, el preso que recupera la fe, la mujer que rehace su historia, el hombre que se arrepiente y cambia de camino se convierten en una amenaza silenciosa. No porque sean perfectos, sino porque demuestran que la transformación que viene del cielo es posible. Y eso desarma cualquier estructura basada en la resignación o en la mera voluntad humana.

Pero la Iglesia no fue llamada a parecerse al mundo.
El Cuerpo de Cristo no es solo un hospital espiritual donde se atiende la urgencia del milagro; es también una escuela de vida nueva. Un espacio de reinserción. Un lugar donde se enseña a caminar al que volvió a vivir. Donde se restauran vínculos, se acompaña el proceso, se toleran los tropiezos sin condenar. Donde se cuidan unos a otros: *"... algunas partes del cuerpo que parecieran las más débiles y menos importantes, en realidad, son las más necesarias… Esto hace que haya armonía entre los miembros a fin de que los miembros se preocupen los unos por los otros. Si una parte sufre, las demás partes sufren con ella y, si a una parte se le da honra, todas las partes se alegran. Todos ustedes en conjunto son el cuerpo de Cristo, y cada uno de ustedes es parte de ese cuerpo"* (1 Corintios 12:22, 25-27).

La Iglesia es la familia donde el "ex" deja de ser una etiqueta y vuelve a ser hermano: el exadicto, el expresidiario, el experdido, ya no como caso, ni número, ni planilla, sino como familia que experimentó milagros.

La reinserción sin Iglesia se convierte en un campo de juicio.

La reinserción con Iglesia se transforma en un camino de sanidad en el marco del amor familiar y la justicia del cielo.

Por eso la comunidad es tan central en el relato de Lázaro. Jesús no actúa solo. Involucra. Convoca. Hace responsables a otros del proceso. Porque nadie aprende a vivir de nuevo en soledad. Nadie se desata a sí mismo cuando aún tiene las manos vendadas. Nadie se quita solo las vendas del pasado sin ayuda. *"Ayúdense a llevar los unos las cargas de los otros, y obedezcan de esa manera la ley de Cristo"* (Gálatas 6:2).

> ## Jesús no actúa solo. Involucra. Convoca. Hace responsables a otros del proceso.

La Iglesia está llamada a ser ese espacio seguro donde el resucitado pueda aprender a respirar sin miedo, a caminar sin vergüenza, a sentarse a la mesa sin ser observado como una amenaza. Porque todo restaurado necesita algo más que una oración y una bienvenida: necesita pertenencia y propósito. Mesa y misión.

Y eso exige paciencia. Mucha. *"Dado que Dios los eligió para que sean su pueblo santo y amado por él, ustedes tienen que vestirse de tierna compasión, bondad, humildad, gentileza y paciencia. Sean comprensivos con las faltas de los demás y perdonen a todo el que los ofenda. Recuerden que el Señor los perdonó a ustedes, así que ustedes deben perdonar a otros. Sobre todo, vístanse de amor, lo cual nos une a todos en perfecta armonía. Y que la paz que viene de Cristo gobierne en sus corazones. Pues, como miembros de un mismo cuerpo, ustedes son llamados a vivir en paz"* (Colosenses 3:12-15).

El proceso exige renunciar al rol de jueces condenatorios e hipócritas (como los líderes religiosos en la época de Jesús) para abrazar el de familia. Exige acompañar en el proceso con discernimiento espiritual y gracia, esa misma que nos fue dada a cada uno de nosotros. Exige entender que el proceso no siempre es limpio ni rápido. Que habrá recaídas, silencios, dudas, retrocesos. Pero también habrá fruto. Y el fruto solo madura cuando alguien está dispuesto a cuidar la planta.

Más adelante, Juan nos muestra a Lázaro sentado a la mesa con Jesús. Ya no en la tumba. Ya no atado. Visible. Presente. Integrado. Libre. Y por causa de él, muchos creen. No por su predicación, sino por su vida. Porque el mundo teme al que volvió, pero la Iglesia está llamada a abrazarlo como testimonio. *"Seis días antes de que comenzara la celebración de la Pascua, Jesús llegó a Betania, a la casa de Lázaro, el hombre a quien él había resucitado. Prepararon una cena en honor de Jesús. Marta servía, y Lázaro estaba entre los que comían con él… Cuando toda la gente se enteró de que Jesús había llegado, corrieron en masa para verlo a él y también a Lázaro, el hombre al que Jesús había resucitado de los muertos"* (Juan 12:1-2, 9).

Cuando la Iglesia cumple su rol, el resucitado deja de ser una amenaza y se convierte en una señal. Cuando falla, se aleja de su llamado y la misión que el Señor tenía pensado para ella.

Jesús sigue llamando hoy. Sigue pronunciando nombres. Sigue trayendo vida donde hubo muerte. Pero la pregunta permanece abierta para nosotros: ¿habrá manos dispuestas a quitar las vendas? ¿Habrá comunidades dispuestas a acompañar procesos largos? ¿Habrá mesas abiertas para los que vuelven?

Porque el Reino no se manifiesta solo en el poder que resucita, sino en el amor que sostiene después del milagro.
El mundo puede intentar matar a los Lázaros. Pero la Iglesia fue llamada a ayudarlos a vivir.

UNIDOS PARA RESCATAR: UNA IGLESIA SIN MIEDO, UNA SOCIEDAD CON ESPERANZA

"Son sacerdotes del Rey, una nación santa, posesión exclusiva de Dios. Por eso pueden mostrar a otros la bondad de Dios, pues él los ha llamado a salir de la oscuridad y entrar en su luz maravillosa... Antes no tenían identidad como pueblo, ahora son pueblo de Dios. Antes no recibieron misericordia, ahora han recibido la misericordia de Dios".

1 PEDRO 2:9-10

Este no es un llamado a una sola iglesia, a una denominación o a un grupo reducido de líderes. Este es un clamor profundo que viene del corazón de Dios: un llamado a la unidad de todo su Pueblo. Es un grito que atraviesa muros, que derriba barreras, que clama por un cuerpo vivo de Cristo que se levante con compasión, con valentía y con humildad.

Los que salen de las tumbas no pueden hacerlo solos. Los que luchan contra la muerte, la adicción o la violencia necesitan brazos que los rodeen, manos que los levanten y corazones dispuestos a caminar a su lado.

Los niños que hoy ríen inocentes necesitan que hagamos algo para que nunca lleguen a conocer ese infierno.

La misión no es opcional. La misión es urgente.

A LOS MINISTROS Y PASTORES...

Este es tiempo de dejar atrás egos, marcas, nombres y competencias ministeriales.

Dios no busca estrellas, busca siervos fieles. Dios no busca congregaciones gigantescas, sino personas que compartan el mensaje de salvación a los que día a día se pierden. El Señor no necesita programas o congresos, anhela corazones dispuestos que ardan de pasión por los que aún no le conocen.

No es momento de debates teológicos que dividen, sino de acciones que sanan. La tumba no pregunta a qué denominación perteneces. El dolor no distingue credos. La resurrección necesita unidad. El enemigo avanza cuando el pueblo de Dios se divide o se distrae de lo realmente importante.

Jesús oró: *"Te pido que todos sean uno, así como tú y yo somos uno, es decir, como tú estás en mí, Padre, y yo estoy en ti. Y que ellos estén en nosotros, para que el mundo crea que tú me enviaste"* (Juan 17:21).

Cuando la Iglesia camina dividida, el mundo no cree. Cuando la Iglesia se une en amor y servicio, el mundo ve a Cristo en acción.

> El enemigo avanza cuando el pueblo de Dios se divide o se distrae de lo realmente importante.

A TODOS LOS HERMANOS Y HERMANAS EN LA FE…

No tengan miedo. No le den la espalda al dolor real.
La verdadera predicación de poder no está limitada al púlpito, ni encerrada en un templo.

La Palabra de Dios se encarna en la calle, en la cárcel, en el comedor, en el hospital, en el rancho donde nadie quiere entrar. El ministerio no es para evitar el barro, sino para llevar vida en medio del lodo.

Jesús mismo *"renunció a sus privilegios divinos; adoptó la humilde posición de un esclavo"* (Filipenses 2:7), y caminó entre pecadores, leprosos, rechazados y marginados.

> La Palabra de Dios se encarna
> en la calle, en la cárcel, en el
> comedor, en el hospital.

No debemos temer a ensuciarnos las manos con las lágrimas de una madre, con la confesión de un preso, con el olor de un adicto. Cristo no vino a buscar perfectos, vino a restaurar a los rotos. Él dijo: *"No son los sanos los que necesitan médico, sino los enfermos —contestó Jesús—. No he venido a llamar a justos, sino a pecadores para que se arrepientan"* (Lucas 5:31-32 NVI).

A LA SOCIEDAD...

No podemos callar frente al dolor social. La sociedad necesita justicia que realmente haga justicia, políticas que escuchen a los que nadie escucha, sistemas que no desechen a los descartados.

La indiferencia social mata tanto como la violencia misma.

La Biblia dice: *"Aprendan a hacer el bien. Busquen la justicia y ayuden a los oprimidos. Defiendan la causa de los huérfanos y luchen por los derechos de las viudas"* (Isaías 1:17).

Necesitamos que la sociedad reconozca que muchas veces, donde el Estado no llega, la Iglesia ya está.
Allí donde hay hambre, hay comedores abiertos.
Allí donde hay cárceles, hay pastores predicando libertad en Cristo.
Allí donde hay familias quebradas, hay manos extendidas que acompañan.

A TODOS...

No seamos indiferentes. Unidos podemos abrazar a los que están saliendo de la tumba y proteger a los niños que aún no han entrado en ella.
Unidos, con el aceite del Espíritu, podemos llenar las vasijas vacías, como aquella viuda que obedeció a Eliseo (ver 2 Reyes 4). Unidos podemos ser el Cuerpo vivo de Cristo en calles muertas.

La Palabra de Dios declara: *"¡Levántate, Jerusalén! Que brille tu luz para que todos la vean. Pues la gloria del Señor se levanta para resplandecer sobre ti"* (Isaías 60:1).

Es tiempo de levantarse. Es tiempo de resplandecer. Es tiempo de mostrar que la Iglesia de Cristo no es un club religioso, sino un movimiento vivo de esperanza; que no somos fanáticos repetidores de dogmas, sino personas apasionadas por Jesucristo que han sido tocadas por Dios mismo y experimentaron una transformación que solo Él pudo hacer, y que por eso no podemos callar. Ese mismo testimonio de salvación, redención, restauración y milagros puede ser vivido por cualquiera que pone su fe en Jesucristo, se arrepiente de sus pecados e invita al Espíritu Santo a que sea su compañero de viaje en esa nueva vida a punto a nacer.

> Es tiempo de mostrar que la Iglesia de Cristo no es un club religioso, sino un movimiento vivo de esperanza.

UNA SOCIEDAD CON ESPERANZA

Cuando la Iglesia se une, la sociedad puede respirar esperanza. Cuando la Iglesia se atreve a salir de los templos y entrar a los lugares oscuros, el Reino de Dios se manifiesta. El joven que suelta el arma, la madre que recupera a su hijo, el preso que es transformado, el adicto que encuentra libertad… todos ellos son señales de que Cristo vive y reina. Y que por sobre todas las cosas, desea una relación personal con cada uno de nosotros. Dios no es esa imagen que muchas personas tienen: un anciano de barba blanca, sentado en un súper trono en el cielo listo para castigar y condenar nuestros pecados.

Por supuesto que el Señor no tolera el pecado, pero a nosotros, los pecadores, nos ama. Y ninguna realidad hará que eso cambie, y por eso nos invita a arrepentirnos de todo corazón de nuestros malos caminos. Él es un Dios verdaderamente amoroso y también justo y santo, quien nos ofrece salvación únicamente a través de su Hijo Jesucristo, si nos arrepentimos y volvemos a Él.

El apóstol Pablo lo dijo con poder: *"Antes ustedes estaban muertos a causa de su desobediencia y sus muchos pecados"* (Efesios 2:1). Esa vida nueva es el motor de la misión de la Iglesia. Una misión que no se detiene ante la violencia, ni se rinde ante el miedo. Una misión que confía en que el amor de Dios es más fuerte que la muerte misma.

"Unidos para rescatar". "Una Iglesia sin miedo". "Una sociedad con esperanza". Estos no son lemas bonitos; son desafíos reales.

La pregunta es: ¿estamos dispuestos a responder al llamado? Porque el tiempo es ahora, y la esperanza no puede esperar.

"Tres cosas durarán para siempre: la fe, la esperanza y el amor; y la mayor de las tres es el amor" (1 Corintios 13:13). Que ese amor nos mueva a la unidad, y que en esa unidad el mundo vea reflejado al Cristo vivo.

CAPÍTULO 8

CUANDO EL ESTADO MIRA A LA IGLESIA

"Dios estaba en Cristo reconciliando al mundo consigo mismo, no tomando más en cuenta el pecado de la gente. Y nos dio a nosotros este maravilloso mensaje de reconciliación. Así que somos embajadores de Cristo; Dios hace su llamado por medio de nosotros".

2 CORINTIOS 5:19-20

Por muchos años, la Iglesia evangélica fue considerada un espacio aislado, un "refugio espiritual", un lugar de reunión que en ocasiones era ignorado y en otras, abiertamente despreciado. Pero con el paso del tiempo, en medio de la creciente crisis social y moral, la política comenzó a fijarse en una realidad que no puede ser negada: la Iglesia llega donde el Estado jamás ha logrado llegar.

La Iglesia llega a la villa donde no entra el patrullero y a la celda donde no entra el psicólogo. Llega al corazón humano que ninguna ley puede transformar. Llega con pan, con abrigo, con oración… pero también con presencia constante, con compromiso inquebrantable, con amor genuino que no se cansa y que no calcula el costo. Allí donde otros ven desesperanza, la Iglesia ve posibilidad de restauración.

¿Por qué el Estado necesita a la Iglesia? Porque ella no trabaja con estadísticas, trabaja con vidas que laten. No busca votos, busca almas. No promete en campaña, permanece firme en medio del barro de la realidad. No está sólo para la foto. Se queda. Trabaja. Se compromete. Ama. Asiste. A tiempo y fuera de tiempo.

Mientras el Estado redacta proyectos de ley y discute políticas públicas, la Iglesia limpia lágrimas, rescata jóvenes, restaura familias enteras.

UNA MISIÓN INTEGRAL

Muchas personas piensan que el trabajo de las congregaciones en las ciudades se reduce a lo que ven: comida, ropa, refugio. Pero el alcance es mucho mayor. Toca corazones, abraza, acompaña. Es un trabajo de una persona para con otra. Una relación de hermandad. Porque precisamente la Iglesia ha aceptado el llamado de Cristo mismo quien encomendó la misión de llevar su mensaje de esperanza a cada persona de la tierra.

> La Iglesia llega donde el Estado
> jamás ha logrado llegar.

El Señor Jesús ya había mostrado este camino: *"Ustedes son la luz del mundo, como una ciudad en lo alto de una colina que no puede esconderse. Nadie enciende una lámpara y luego la pone debajo de una canasta. En cambio, la coloca en un lugar alto donde ilumina a todos los que están en la casa"* (Mateo 5:14-15). La Iglesia está llamada a ser esa luz que brilla en los rincones donde nadie quiere entrar.

Yo mismo lo he visto con mis propios ojos. En cárceles oscuras, en barrios marginados, en calles de Rosario dominadas por el narcotráfico. He visto a un preso endurecido quebrarse bajo el poder de la Palabra. He presenciado cómo un adicto recibió amor en lugar de juicio. He visto a un muchacho, destinado a matar, ser redimido por el Dios de las segundas oportunidades. Estos no son casos aislados, son testimonios vivos que se multiplican en silencio y que transforman realidades enteras.

Y es allí donde la política —con todas sus limitaciones— comenzó a observar, porque por más planes que existan, no hay programa estatal que pueda sanar el alma. No hay subsidio que quite la culpa. No hay ministerio que transforme el corazón. Solo Cristo puede hacer eso, y lo hace a través de su Iglesia. Como dijo el profeta Isaías, y luego repitió Jesús en Nazaret: *"El Espíritu del Señor está sobre mí, porque me ha ungido para llevar la Buena Noticia a los pobres. Me ha enviado a proclamar que los cautivos serán liberados, que los ciegos verán, que los oprimidos serán puestos en libertad"* (Lucas 4:18).

> La Iglesia está llamada a ser esa luz que brilla en los rincones donde nadie quiere entrar.

La Iglesia de Jesucristo está formada por personas comunes y corrientes, por seres humanos pecadores que un día se encontraron con Dios y Él transformó sus vidas. No son perfectos. No lo somos. Seguimos pecando y equivocándonos. Es lamentable reconocer que incluso hay personas que lucran con el Evangelio. Pero lo que quiero remarcar es que en sí la Iglesia por ella misma nada puede lograr, es el Dios Salvador actuando a través de ella quien hace la obra.

La restauración que trae Cristo no es únicamente espiritual; es integral. Es el Reino de Dios tocando la tierra de forma palpable y visible. Se manifiesta cuando el adicto es libre. Cuando el preso es transformado. Cuando la madre recupera a su hijo. Cuando el joven suelta el arma para abrazar la Biblia.

Ese es el impacto que ningún sistema humano puede lograr.

BOMBAS EN LOS PUENTES

En tiempos de crisis profunda, cuando el caos social, la decadencia moral o la fragmentación política se vuelven evidentes, el Estado suele quedarse sin respuestas duraderas. Puede administrar, contener, legislar, pero no puede sanar. Y entonces —aunque a veces no lo admita— termina mirando a la Iglesia. No por obligación, sino por necesidad. Porque donde hay oscuridad, la luz inevitablemente atrae. Y donde hay división, la unidad llama la atención.

La Escritura ya lo advertía hace siglos: *"Cuando los justos gobiernan, el pueblo se alegra. Pero cuando los perversos están en el poder, el pueblo gime"* (Proverbios 29:2). En medio de ese sufrimiento colectivo, la Iglesia aparece como un espacio distinto. Allí donde el sistema falla, el Evangelio sigue operando. El adicto encuentra propósito, la madre quebrada encuentra perdón, el delincuente restaurado encuentra familia, y aun el político cansado o confundido puede encontrar dirección. No porque la Iglesia sea perfecta, sino porque Cristo sigue obrando en medio de ella.

Jesús fue el primer puente. Él conectó el cielo con los pecadores, la eternidad con lo finito, la santidad con los despreciados. Y al volver al Padre, no cerró ese camino: nos dejó la responsabilidad de continuarlo. *"Todo esto proviene de Dios, quien por medio de Cristo nos reconcilió consigo mismo y nos dio el ministerio de la reconciliación"* (2 Corintios 5:18 NVI). La Iglesia existe para eso: para ser puente entre el desahuciado y el Restaurador, entre la desesperanza humana y la vida que viene del cielo, entre el grito del hombre y la voz de Dios.

Pero los puentes nunca pasan desapercibidos. Cada vez que uno se levanta, el conflicto aparece. Porque un puente une lo que el sistema prefiere mantener dividido, sana donde el dolor parecía irreversible y restaura lo que el mundo ya había descartado. Por eso, cuando la Iglesia comienza a cumplir su rol, el ataque no tarda en llegar. Bombas sobre los puentes: ataques mediáticos, persecución ideológica, burlas, cancelaciones, sospechas, aislamiento, leyes restrictivas… y, a veces, incluso críticas internas desde lo religioso. Jesús lo advirtió sin rodeos: *"El propósito del ladrón es robar y matar y destruir; mi propósito es darles una vida plena y abundante"* (Juan 10:10). Y muchas veces viene por los puentes.

Hoy la sociedad está fracturada, en tensión permanente, en una guerra silenciosa que atraviesa familias, barrios y generaciones. Y en medio de ese escenario, vuelve a levantarse un puente. A veces no es una institución visible, sino una iglesia local, un ministerio pequeño, un testimonio fiel. A veces ese puente tiene nombre propio. Por eso el ataque es tan feroz. Pero la promesa sigue firme: *"... edificaré mi iglesia, y el poder de la muerte no la conquistará"* (Mateo 16:18).

> ""
>
> ## Cuando la Iglesia comienza a cumplir su rol, el ataque no tarda en llegar.

Cuando aparece un puente, siempre habrá quienes intenten poner bombas. Pero la Iglesia no fue llamada a ser un refugio para sobrevivir, sino un puente para rescatar. El infierno no tiembla ante templos llenos de rituales o programas, pero sí ante puentes llenos de gracia. Ser puente implica ser usado por Dios, y muchas veces también ser atacado. Muchos hablan de reconciliación; pocos están dispuestos a convertirse en ese puente.

EL DESAFÍO DE LA PRESENCIA CONSTANTE

La Iglesia no está solo un día. La Iglesia no llega solamente con un operativo. Está allí semana tras semana, mes tras mes, construyendo confianza, acompañando procesos, llenando con esperanza los lugares donde la desesperanza ha hecho su nido.

Eso es lo que marca la diferencia. El amor de Cristo en acción no es esporádico, es constante e incondicional.

En la parábola del buen samaritano (Lucas 10:25-37), Jesús mostró que la verdadera compasión no se mide en discursos, sino en acciones. Un hombre herido quedó tirado al borde del camino. Pasaron un sacerdote y un levita, pero siguieron de largo. Fue un samaritano —alguien despreciado socialmente— quien se detuvo, cuidó sus heridas, lo llevó a un lugar seguro y se comprometió a pagar por su recuperación.

Ese es el corazón de la Iglesia: detenerse donde otros pasan de largo, sanar heridas, invertir tiempo y recursos en quienes el mundo descarta.

99

El amor de Cristo en acción no es esporádico, es constante e incondicional.

UN SICARIO Y UN PASTOR

Un día, un joven sicario que estaba prófugo decidió entregarse a la justicia. No porque ya estuviera completamente transformado. No porque hubiera llorado de rodillas en un altar. Sino porque algo dentro suyo —quizás un llamado, quizás una necesidad de soltar el peso— lo empujó a tomar una decisión: entregarse a la justicia.

Y no quiso hacerlo solo. Pidió hacerlo acompañado por un pastor. No para evitar el juicio, sino para no enfrentar la oscuridad sin una luz al lado. No para negociar su condena, sino para comenzar un camino nuevo. Y tuve la responsabilidad de ser yo ese pastor. Ese día yo no fui juez, ni abogado, ni mediador. Fui lo que soy: un asistente espiritual, un faro en medio de la oscuridad. No supe si estaba arrepentido, y no me correspondía juzgarlo. Solo entendí que alguien estaba dando un primer paso hacia la luz, y yo debía estar allí.
Los medios no supieron cómo titular la noticia. Escribieron: "Insólito rol de un pastor evangélico".

Para muchos aún resulta extraño ver a la Iglesia en esos lugares. Pero ella está llamada a estar allí donde la esperanza parece imposible. Jesús lo dejó claro: *La gente sana no necesita médico, los enfermos sí. No he venido a llamar a los que se creen justos, sino a los que saben que son pecadores*" (Marcos 2:17).

Ese joven sicario no necesitaba un juez más en su vida; necesitaba un testigo de esperanza.

El verdadero arrepentimiento, si llega, se verá con hechos, con tiempo y con frutos, como dice Mateo 7:20: *"Así es, de la misma manera que puedes identificar un árbol por su fruto, puedes identificar a la gente por sus acciones"*. Pero alguien tiene que estar presente cuando comienza el proceso.

RESTAURACIÓN COMO PUENTE ENTRE IGLESIA Y ESTADO

La restauración es un puente. Por un lado, el Estado con sus recursos y estructuras. Por otro lado, la Iglesia con la capacidad, dada y viva gracias a Jesús, de tocar el corazón humano, quien se sostiene gracias a quienes la conforman y brindan sus aportes tanto en recursos como en trabajo y tiempo. Cuando ambos caminan juntos, las transformaciones se multiplican.

La Iglesia no reemplaza al Estado, pero sí lo complemente, llega a donde nadie más puede llegar. Y el Estado no puede reemplazar a la Iglesia, porque no puede entrar en el terreno espiritual.

El apóstol Pablo escribió: *"He peleado la buena batalla, he terminado la carrera y he permanecido fiel. Ahora me espera el premio, la corona de justicia que el Señor, el Juez justo, me dará el día de su regreso; y el premio no es solo para mí, sino para todos los que esperan con anhelo su venida"* (2 Timoteo 4:7-8).

La Iglesia no reemplaza al Estado, pero sí
lo complementa donde no puede llegar.

Esta carrera de la fe es larga y constante, y la Iglesia está llamada a correrla en medio de las realidades más difíciles de la sociedad. Y no debemos temer. No debemos dudar. Porque si bien el terreno puede ser resbaladizo, las adversidades pueden ser duras y hasta lo que uno pueda llegar a hacer a simple vista resulte insignificante, el Señor está con nosotros. Él es quien nos capacita, nos anima, nos protege, nos da las herramientas para que el trabajo sea hecho más allá de los límites humanos. Dios es el que camina con nosotros; Él es quien nos llamó, quien nos continúa llamando y quien sale a caminar con nosotros.

"Esto significa que todo el que pertenece a Cristo se ha convertido en una persona nueva. La vida antigua ha pasado; ¡una nueva vida ha comenzado!" (2 Corintios 5:17). Esa es la esencia de la restauración: una nueva vida, una nueva esperanza, un nuevo comienzo. Y es lo que el Señor quiere para todos aquellos que se arrepienten y ponen su fe en Él.

CAPÍTULO 9

CUIDA LO QUE DIOS ESTÁ HACIENDO

"Por lo tanto, imiten a Dios en todo lo que hagan porque ustedes son sus hijos queridos. Vivan una vida llena de amor, siguiendo el ejemplo de Cristo. Él nos amó y se ofreció a sí mismo como sacrificio por nosotros, como aroma agradable a Dios".

EFESIOS 5:1-2

Dios está creando algo precioso en tu vida. No es común, no es superficial... Es perfume. Es su perfume en ti.

Ese aroma es un símbolo de lo que Dios forma en lo más profundo del ser humano: carácter, madurez, gracia, convicción y libertad. Es una fragancia que obviamente no se ve, pero puede percibirse su marca, la diferencia entre una vida vacía y una plena. Esa fragancia es esa influencia espiritual que una vida transformada ejerce sobre su entorno.

El apóstol Pablo lo expresó así: *"... gracias a Dios que en Cristo siempre nos lleva triunfantes y, por medio de nosotros, esparce por todas partes la fragancia de su conocimiento"* (2 Corintios 2:14 NVI).

EL VALOR DEL PERFUME

En tiempos bíblicos, el perfume era uno de los bienes más costosos. Se preparaba con dedicación, paciencia y con materiales preciosos. Así también, la obra de Dios en nosotros requiere tiempo, procesos y cuidado constante. Pero todo perfume —por más fino que sea— puede echarse a perder si no se le pone tapa.

En el contexto del que estamos hablando, ¿qué entendemos por "tapa"? Hablamos de protección: disciplina espiritual (aquellos hábitos que adoptamos para cultivar nuestra relación con el Señor), vigilancia del corazón (estar alertas a lo que dejamos que entre, a lo que habita en nosotros y a qué influencias nos exponemos), perseverancia en la fe (no dejar que nuestras creencias sean vapuleadas por los problemas y preocupaciones corrientes).

Así, estas prácticas nos ayudarán a mantener el orden en nuestra vida interior y nuestro "frasco cerrado", es decir, cuidar lo que Dios está haciendo en cada uno de nuestros corazones.

UN ABOGADO SIN TAPA

Un día se me acercó un abogado. Intelectual, formado, exitoso. Tenía títulos, logros y reconocimiento, pero había un problema que no podía resolver con ningún diploma: el descuido de su alma, el abandono de su vida interior.

Por fuera podía oler bien: presentaciones, victorias, influencia. Pero su interior estaba marchito. Me dijo con lágrimas: "Tengo todo, pero no tengo paz". Intentaba disimular su disconformidad y su desesperanza con "desodorantes de ambiente", pero su fragancia dura poco y al cabo de un rato, ya no se huele nada.

Ese hombre tenía perfumes preparados para el mundo, pero no había tapado el frasco del perfume que Dios le había dado: la humildad, el quebranto, la sencillez. Estos valores se le habían evaporado.

Los títulos no te hacen digno de la presencia divina; es la salud del alma la que mantiene viva la fragancia.

Por eso la Escritura declara: *"Amado, yo deseo que tú seas prosperado en todas las cosas, y que tengas salud, así como prospera tu alma"* (3 Juan 1:2 RVR60).

> Es la salud del alma la que mantiene viva la fragancia.

CONSERVA TU PERFUME

Dios está creando algo en ti, pero ese tesoro necesita cuidado. Si no lo cuidas, la obra del Señor en tu vida se evaporará. El enemigo no siempre ataca lo visible, muchas veces lo que busca es "destapar" tu interior.

Por eso quisiera mencionar algunos pilares sobre los que debemos prestar especial atención y cuidado:

- **El alma:** es el centro de nuestras emociones, pensamientos y decisiones. David se preguntaba: *"¿Por qué estás tan abatida, alma mía? ¿Por qué estás tan angustiada?"* (Salmo 42:5 NVI). Él sabía que el alma descuidada acarrea caos en todos los demás ámbitos del ser humano.
- **El matrimonio y la familia:** el amor necesita cuidado diario. No se sostiene con promesas, sino cubriéndolo

con oración, comunicación y fidelidad. Nuestras acciones cuentan y mucho. Lo que hacemos (y lo que no) tiene consecuencias en nuestra vida matrimonial y familiar.

- **Los talentos:** no expongas antes de tiempo lo que Dios todavía está formando dentro de ti. El proceso necesita tiempo para no corromper o echar a perder aquello que el Señor está depositando en ti para su obra. Jesús enseñó que el grano de mostaza, aunque pequeño, requiere de un desarrollo hasta crecer y dar sombra (ver Mateo 13:31-32).

- **La libertad:** fue ganada con la sangre del unigénito de Dios en la cruz del Calvario. No la pongas en juego por placeres momentáneos. Pablo advierte: *"Cristo nos libertó para que vivamos en libertad. Por lo tanto, manténganse firmes y no se sometan nuevamente al yugo de esclavitud"* (Gálatas 5:1). El precio fue muy caro. El amor por nosotros sobrepasa los límites de nuestra imaginación. Vivamos con la responsabilidad y la gracia de saber que nuestra culpa fue cancelada.

UNA SOCIEDAD QUE HUELE A VACÍO

Vivimos en una generación que brilla por fuera, pero se pudre por dentro. Hay apariencias, redes sociales y consumo, pero detrás de todo eso, muchas veces, el alma huele a vacío. Se produce mucho, se sabe mucho, se muestra mucho pero se ama poco.

El caso de aquel abogado no era aislado: es el reflejo de una sociedad entera que perdió la tapa y descuidó lo esencial.

Cuando Cristo se encuentra con una persona que se arrepiente y pone su fe en el único Dios verdadero, Él la transforma. Ese nuevo perfume que esta relación provoca, no sólo lo percibe la persona, sino también su entorno. La familia lo nota, el ambiente cambia, la condenación se va. Los amigos comienzan a preguntarse qué pasó.

La Biblia dice: *"Vivan una vida llena de amor, siguiendo el ejemplo de Cristo. Él nos amó y se ofreció a sí mismo como sacrificio por nosotros, como aroma agradable a Dios"* (Efesios 5:2).

> Ese nuevo perfume que esta relación provoca, no sólo lo percibe la persona, sino también su entorno.

Ese olor no puede falsificarse. Poco y nada puede hacer la cosmética espiritual; sin embargo, un corazón rendido a Dios emana un aroma fragante y original. Como el perfume que María derramó a los pies de Jesús (ver Juan 12:3), el verdadero perfume se percibe y llena la casa entera.

CIERRA BIEN EL FRASCO

Dios está haciendo algo en ti. Ha comenzado una obra maravillosa. No dejes la tapa de tu vida abierta. Asegúrate que tu corazón quede bien tapado. Cuida tu alma, tápala y protégela. Sé distinto, deja los hábitos del pasado, incluso tu antigua forma de pensar. Comienza a vivir con conciencia del valor de tu alma. Lleva ese perfume a cada espacio donde Dios te ponga: tu familia, tu trabajo, tu barrio, el penal, el aula, la calle.
Tu vida puede ser olor grato a su presencia. Pablo lo llamó *"sacrificio vivo"* (ver Romanos 12:1).

El perfume que provoca haber conocido a Cristo evidencia su obra en nosotros. Como todo perfume, no puede verse. Pero tampoco puede negarse. Se siente en el ambiente, se percibe en las relaciones, se nota en las decisiones. Pero requiere cuidado. Porque no se trata solo de recibir algo de Dios, sino de conservarlo con celo para que el mundo pueda seguir oliendo a Cristo a través de nuestra vida.

"¡Levántate, Jerusalén! Que brille tu luz para que todos la vean. Pues la gloria del Señor se levanta para resplandecer sobre ti" (Isaías 60:1).

Oro para que cada uno de nosotros sea un frasco cerrado, lleno del perfume de la presencia de Dios para bendición de las futuras generaciones.

PALABRAS FINALES

Este libro comenzó hablando de libertad y termina hablando de responsabilidad. No fue casualidad porque en el Reino de Dios, la verdadera libertad nunca camina sola: siempre va de la mano del amor, de la verdad y del compromiso con el otro.

A lo largo de estas páginas vimos historias de caos y de restauración, de muerte y de vida, de esclavitud y de redención. Vimos cárceles convertirse en púlpitos, madres atravesadas por dolores imposibles, barrios marcados por la violencia, jóvenes atrapados por sistemas que prometen libertad y entregan muerte. Y en medio de todo eso, vimos una verdad repetirse una y otra vez: **Dios sigue llamando a la vida.**

Jesús no vino solo a salvar almas para el cielo. Vino a salvar personas para transformarlas aquí en la tierra para que cumplan con el propósito para el cual fueron creadas. Vino a **reconciliarlo todo.**

La Escritura lo dice con claridad: *"Pues Dios estaba en Cristo reconciliando al mundo consigo mismo… y nos dio a nosotros este maravilloso mensaje de reconciliación"* (2 Corintios 5:19). Eso significa que la obra del Padre celestial no termina cuando alguien cree. Ahí recién comienza.

Cada historia de este libro nos mostró que el milagro no es el final, sino el comienzo. El perdón es real, la salvación es poderosa, la resurrección es verdadera… pero luego viene el camino. Y ese camino no se recorre en soledad.

Lázaro salió de la tumba vivo, pero salió con vendas. Y Jesús, pudiendo hacer todo solo, decidió involucrar a otros, tal como nos relata Juan 11:44: *"¡Quítenle las vendas y déjenlo ir!"*.

Allí está condensado todo el mensaje de este libro: Dios hace el milagro, y **la Iglesia cuida la vida nueva.**
La Iglesia no fue llamada a observar desde lejos, ni a juzgar desde arriba, ni a esconderse detrás de muros religiosos. Fue llamada a meter las manos, a caminar con los que vuelven, a sostener procesos largos, a amar incluso cuando cuesta.

Por eso este libro no es sólo una denuncia. Es un llamado.
Un llamado a dejar de ser una Iglesia espectadora para convertirnos en una Iglesia presente.
Una Iglesia que no huye del barro porque sabe que el Maestro caminó en él.

Una Iglesia que no teme a los procesos porque entiende que Dios sigue obrando.

Una Iglesia que no se cansa de amar porque sabe que fue amada primero.

"Así que ahora no hay condenación para los que pertenecen a Cristo Jesús" (Romanos 8:1). Pero esa verdad no es una excusa para la indiferencia, sino un mandato para la misericordia.

A lo largo del libro vimos algo con mucha claridad: **el mundo mata lo que vuelve a la vida,** pero el Reino de Dios la protege. El sistema descarta, pero el Señor restaura. El enemigo esclaviza, pero Cristo libera. Y esa liberación no es solo espiritual; es integral. Toca familias, transforma barrios, reescribe destinos.

Por eso la Iglesia tiene un rol irrenunciable en esta historia.

Cuando el Estado no llega, la Iglesia ya está.

Cuando la ley no alcanza, el amor permanece.

Cuando la justicia humana se agota, la gracia sigue trabajando.

Esto no significa reemplazar a nadie, sino cumplir con el llamado que recibimos: *"Ustedes son la luz del mundo… una ciudad situada sobre una colina que no puede esconderse"* (Mateo 5:14).

La pregunta ya no es si Dios puede hacer algo. La pregunta es si **nosotros estamos dispuestos a ser parte.**
¿Estamos dispuestos a quitar vendas? ¿A acompañar procesos? ¿A amar sin garantías? ¿A caminar con los que todavía tiemblan? Porque el Reino no avanza solo con poder, sino con comunidad.

No solo con palabras, sino con presencia.
No solo con milagros, sino con fidelidad diaria.

Este libro no pretende cerrar un tema. Pretende **abrir una puerta**.

Si al llegar hasta aquí sientes incomodidad, esperanza, desafío o fuego en el corazón, entonces el objetivo se cumplió. Porque Dios no escribe historias para ser archivadas, sino para ser vividas.

Hoy, el mismo Jesús que llamó a Lázaro sigue llamando personas.

Sigue rescatando vidas.

Sigue levantando a los caídos.

Y sigue diciendo a su Iglesia: **"Desátenlos… y déjenlos vivir."**

Es mi oración que no seamos una Iglesia sin milagros, pero tampoco una Iglesia sin responsabilidad; que seamos una Iglesia viva, para un mundo que todavía necesita esperanza.

Y si llegaste hasta acá no como líder, ni como servidor, ni como parte de una estructura, sino simplemente como persona que enfrenta dificultades o un pasado intimidante… este mensaje también es para vos.

Tal vez te sentiste reflejado en alguna de estas historias.

Tal vez reconociste tu propio dolor, o el de alguien que amas.

Tal vez estás cansado de luchar, agotado de esperar o herido de tanto intentar ayudar sin saber cómo.

Si hoy estás atravesando una situación de desesperanza, quiero decirte algo con toda claridad: **no estás solo.**
La Biblia no esconde el dolor humano. Está llena de historias de personas que dudaron, cayeron, se quebraron y pensaron que no había salida. Y, aun así, Dios no las soltó.
"El Señor está cerca de los que tienen quebrantado el corazón; él rescata a los de espíritu destrozado" (Salmo 34:18).

Si sos vos el que está en la tumba —emocional, espiritual o hasta integral—, recuerda esto: **Jesús sigue llamando personas.** Y dice **tu nombre.** Él no se olvida de los que lloran en silencio ni de los que ya no tienen fuerzas para gritar. La vida puede parecer apagada hoy, pero no está perdida. La historia todavía no terminó.

Y si sos familiar, amigo, madre, padre, hermano, esposa, esposo o hijo de alguien que está atravesando la oscuridad, también hay una palabra para vos: **tu presencia importa más de lo que imaginas.** A veces no se necesita una solución perfecta, sino alguien que se quede. Alguien que no huya. Alguien que ame sin condiciones. Solo Jesucristo salva, sana y restaura, pero nos usa a nosotros para hacer su obra, para mostrar su amor. *"Anímense unos a otros y edifíquense mutuamente"* (1 Tesalonicenses 5:11).

No siempre podrás sacar a alguien de la tumba, pero sí puedes sentarte cerca. No siempre encontrarás las palabras correctas, pero tu amor puede ser un ancla. No subestimes el poder de un abrazo, de una escucha sincera, de una oración hecha con lágrimas.

Este libro no promete finales fáciles. Promete algo más verdadero: **esperanza del cielo con proceso**. Vida que se abre paso aún cuando todo parece perdido. Luz que no grita, pero permanece.

Si hoy estás débil, descansa.

Si estás cansado, pide ayuda.

Si estás desesperado, aférrate a la verdad de que Dios no abandona a los suyos.

"Pues yo sé los planes que tengo para ustedes —dice el Señor—. Son planes para lo bueno y no para lo malo, para darles un futuro y una esperanza" (Jeremías 29:11).

Que al cerrar este libro no te quedes solo con ideas, sino con una certeza: **tu vida importa**.

La vida de la persona que amas importa.

Y aún en medio de la noche más oscura, **Dios sigue trabajando**.

No estás solo. No llegaste tarde. No todo está perdido. Todavía hay esperanza.

CARTA A MIS PADRES

Antes de hablar de cárceles restauradas y vidas levantadas, debo hablar de Oscar y Marycarmen Sensini, mis padres. No comenzaron un ministerio buscando reconocimiento ni entraron a las cárceles por visibilidad; lo hicieron porque escucharon el clamor de Dios.

Hace más de 35 años, cuando muchos evitaban mirar a los presos y pocos se animaban a cruzar esos muros, decidieron caminar hacia el dolor y los olvidados. Donde otros veían delincuentes, ellos veían personas; donde otros veían casos perdidos, ellos veían hijos de Dios. Fueron pioneros en llevar el Evangelio a las cárceles de la provincia de Santa Fe, no con discursos vacíos, sino con presencia fiel, oración, lágrimas y amor constante. Muchas historias de restauración comenzaron con una visita y una mano extendida de ellos.

Junto a mis padres y mi esposa

Antes de que yo predicara o escribiera, ellos ya vivían y escribían el Evangelio con su vida. Esta visión nació en una casa donde se hablaba de almas, se oraba más de lo que se quejaba y donde el servicio era natural. Hoy puedo decir con honra que soy fruto de su obediencia, herencia de su fe y continuidad de su siembra. Como dice Proverbios: *"Los justos caminan con integridad; benditos son los hijos que siguen sus pasos"* (20:7).

Gracias, papá y mamá, por no rendirse ni negociar la verdad, por amar y perseverar cuando era más fácil abandonar. Este libro existe porque ustedes caminaron primero. Los honro y declaro: lo que sembraron en lágrimas, hoy se cosecha en gloria.

Unidad 1 — Cárcel de Coronda, Santa Fe, Argentina

El Evangelio no conoce muros.

526
524
Con
Jesús
se puede
526
524
Con
Jesús
se puede

Unidad 1 — Cárcel de Coronda, Santa Fe, Argentina
Cuando el alma se rinde, comienza la libertad.

Unidad Penitenciaria N.º 1 — Coronda, Santa Fe, Argentina
Más de 35 años de trabajo pastoral del ministerio El Redil de Cristo.

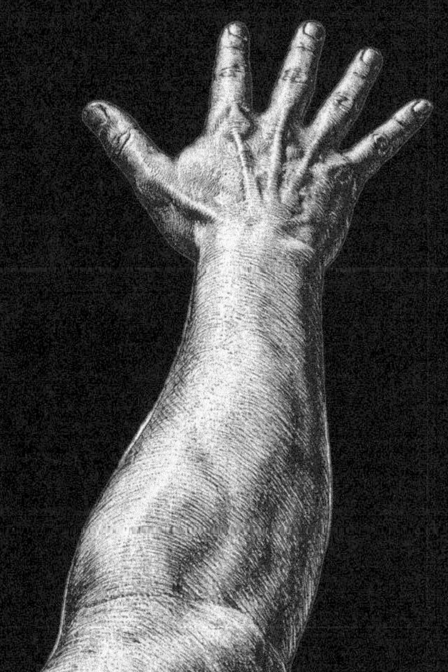

> Cuando el hombre llega al límite,
> comienza la gloria de Dios.

www.renacereditorial.com

@renacereditorial